JN022893

WORLD
FIGURESKATING ワールド・フィギュアスケート
extra

男子1位の宇野昌磨と男子2位の山本草太　表彰式にて
表紙：三原舞依（女子1位）　裏表紙：三浦璃来＆木原龍一（ペア1位）
Photos ©Kiyoshi Sakamoto

ISU Grand Prix Final
TORINO 2022

グランプリファイナル2022
新時代を担う

グランプリファイナルが12月8〜11日、イタリア・トリノで開催され、
GPシリーズを勝ち抜いた世界のトップ6が、トリノ・オリンピックの聖地・パラベラ競技場に集結。
日本勢は史上最多となる男子4選手、女子3選手、ペア1組が出場し、
宇野昌磨、三原舞依、三浦璃来＆木原龍一が優勝した。

写真：坂本 清　Photographs by Kiyoshi Sakamoto
取材・文：編集部　Texts by World Figure Skating

パンデミックや世界情勢などままならない状況への懸念を残したまま迎えた、オリンピック翌シーズンの今季。北京オリンピックのチャンピオンたちが競技を離れ、新たなリーダーの登場が待たれるなか、新時代の旗手として躍り出たのは、日本の選手たちだった。

なかでも突出していたのが、シリーズ出場3戦を勝ち切った男子の宇野昌磨だ。今季やや苦戦していたSPで99.99点をマーク、204.47点を叩き出したフリーとともに2つの演技を高いレベルでまとめ上げた。4種類の4回転の成功と9点台で揃えた演技構成点。北京オリンピックまでに積み上げられた高難度ジャンプと芸術性を融合する時代の流れを汲み、今シーズン初めて300点の大台を突破。世界王者である自身と、世界のトップ6が集う大会の"格"を提示した。

今季好調の山本草太が宇野に続いた。大一番で2つの演技を揃え、フリーで4アクセルを決めてSP5位から猛追するイリア・マリニンを僅差でかわしての銀メダル。2014年のジュニアグランプリファイナル以来、それぞれに苦境を乗り越えてきた宇野と山本が、8年ぶりにファイナルの表彰台に並んだ。

いっぽうの女子は、三原舞依が持ち前の安定感を発揮して、シニアのファイナル初出場初優勝。GP初勝利から、2戦目、そしてファイナルの表彰台の頂まで駆け上がった。北京オリンピック銅メダリストの坂本花織は、今季抱えていた不安がそのまま表れるフリーの演技となり、SPトップからまさかの5位。高難度の技に挑むジャンパーが激減した女子だったが、フリーで6選手全員にミスが出る波乱の試合展開で、1つの綻びで順位が変動するミスの許されない戦いへとフェーズが動いているようだった。

ペアでは、躍進を続ける世界銀メダリストの三浦璃来＆木原龍一が、日本ペア史上初のグランプリファイナル制覇を遂げた。怪我のリカバリーにより短い準備期間でスタートした今季だったが、GP2戦を通して精度を大きく上げ、今大会では細かなミスをものともしない清々しい演技を披露。初めての出場権を得ながらも大会中止となった昨季の悔しさを、最高のかたちで晴らした。

日本勢が初めて3種目を制し、4つのメダルを獲得する大活躍を見せた今大会。来年3月、4年ぶりにさいたまで開かれる世界選手権へ向けてさらに期待が膨らむ結果となった。　■

Shoma Uno

男子シングル優勝

宇野昌磨

宇野昌磨 ©Kiyoshi Sakamoto

1997年12月17日、名古屋生まれ。トヨタ自動車所属。2018年平昌オリンピック銀メダル。2022年北京オリンピック銅メダル、世界選手権優勝。今回、5度目のファイナルで圧巻の滑りを見せ、初優勝を果たした。

SP「Gravity」の演技 ©Kiyoshi Sakamoto

自分のやり方でいい状態に
もっていく確信がある

　堂々の優勝だった。グランプリファイナル初制覇。SPでは4フリップ、4トウ＋2トウ、3アクセルを鮮やかに決め、するするとよく滑るスケーティングや洒脱な表現でも魅せた。フリーは好演技が連発されるなか、最終滑走で試合を締めくくる圧巻の演技。4ループを成功させると、4サルコウ、4フリップ、後半にも4トウ2本を降りて得点を積み上げる。弾むようなヴァイオリンと流れるコーラスに呼応しながら踏んだステップシークエンスには、半数以上のジャッジがGOEで上限の5点をつけた。合計304.46点で2位以下を30点以上突き放し、世界王者の座について以来、土つかずのまま2つ目のビッグタイトルを手にした。

—— 自然体のままで表彰台に立ったという感じでしたか。

宇野　そうですね。ぼくは状態がいつもよりよかったので、周りの方も安心してるのかなと思っていたけど、やっぱり世界一を決める大きな大会なので、みなさん緊張するんだなと。今日まで、すごく納得がいく練習が久々にできていたので、それがまったく緊張につながらなかった原因かなと思います。

—— 調子が上がった要因は？

宇野　自分の思い描いていた練習ができるようになった。スケート靴がしっくりきていないと思いながら練習すると、どれだけ練習しても練習の意味があまりないんですよね。靴に問題があったら、「何の意味があるんだろう」と思いながら練習してしまうから。それが、NHK杯が終わってから、「これでやっていける」という確信に変わって、毎日毎日成長していく練習に戻っていったかなと思います。

—— NHK杯のあとに、ステファンコーチから厳しい言葉があったそうですね。

宇野　ぼくはあれ以上は無理でした、NHK杯。それまでの練習も1日たりとも手を抜いた覚えはなかったので、言われたときは正直すごく悲しかったです。ぼくが日本で練習していますし、言葉も伝わらないので、ぼくの考え、気持ちを全部伝えられていないからこそ、生まれてしまった行き違いもあったと思う。NHK杯のあとは悲しい気持ちでしたけど、ステファンは「1年前のほうがより高みを目指して練習していたんじゃないか」という声だったんですけど、ぼくはNHK杯の前も、自分がもっと上を目指しているからこそイライラしていた。それを試合で出しても意味がないから、半分諦めも持ちながらも、「やってきたことをやるしかない」という感じで、それは本当にいいマインドでできたとぼくは思っているので。

—— ファイナル前のスイスでの1週間で行き違いは埋められたのでしょうか。

宇野　今日までやってきたこと、これからやっていくことで変わることは別にないなと。た

キス＆クライでの宇野昌磨（中央）、ステファン・ランビエルコーチ（右）、出水慎一トレーナー（左）©Kiyoshi Sakamoto

まにしかスイスに行かないぼくを真剣に見てくれているステファンに感謝しながら、でもぼくは1年前、自分のやり方でいい状態に持っていけたし、それは確信がある。いまは「自分が納得したものでしかスケートをやりたくない」と思っているので、自分の考えがちゃんとそこにあったことが、短期間でも戻せた要因かなと思います。

—— 自分を信じるという要素は変わっていないんですね。

宇野　楽観的になった気はしますね。以前のぼくは「スケートで成績を落としたら、すべてを失ってしまう」という気持ちでやっていた。そうではないんだなということも経験しました。

最近練習にお父さんがよくついてきてるんですけど、結構楽観的で。昔は状態が悪くても練習を続けていたけど、よい状態で毎日コンスタントに練習できるほうが大事だなと、お父さんと話していて気づいた。結構いろんな部分で、「確かに」と思わされますね。

—— 全日本でやりたいことは。

宇野　このフリーがまとまり始めたのはここ1週間くらい。日本に帰っても同じようにできれば、また一段階成長できたことになると思うので、帰ってからもジャンプをおさらいして、同じようにできたら、次のところに目を向けられるんじゃないかなと思います。

—— 今回フリーで自己ベストを超えましたけれど、どこまで自分に期待できると思いますか。

宇野　去年やってきたものがしっかりいまの自分にも途切れることなく身になっている証拠だなと思います。シーズンオフもしっかりモチベーションを持って練習できた結果。コンビネーションを跳んでいないところもあるし、とくにショートの演技は納得いっていないので、もっと詰めていけたらと思っています。さらにその先は正直あまり考えていないですけど、4回転ルッツを練習するのもありかなと思ったので、そういった部分にも目を向けながら、まずはいまできていることが身になっているか再確認するところから日本で始めたいなと思っています。　　　　　　　　　　　■

力を出しきったフリー演技を終えて ©Kiyoshi Sakamoto

シニアのグランプリファイナル初出場初優勝の三原舞依　フリー「恋は魔術師」©Kiyoshi Sakamoto　*WORLD FIGURE SKATING*　8

女子シングル優勝

三原舞依

Mai Mihara

SPの演技を終えてガッツポーズ ©Kiyoshi Sakamoto

キス＆クライでの三原舞依（中央）、中野園子コーチ（右）、グレアム充子コーチ（左）©Kiyoshi Sakamoto

励ましの言葉やお手紙を心の支えに
それだけで生きていた感じです

グランプリで2勝し、シニア初のグランプリファイナルにトップで進出。波乱の試合のさなかで持ち前の安定感を発揮し、清々しい演技で栄冠を射止めた。全員が初メダルをかけ、SPを僅差で終えて迎えたフリー。後半に手をついたループが転倒扱いとはなったが、"集中力の天才"は最後まで細部に意識を行き届かせ、恋の魔術で観客を夢中にさせた。天才的な集中力とスケート愛、乗り越えた試練が、彼女をついに世界のトップへ押し上げた。

── 優勝の実感は湧いてきましたか。

三原 あんまり実感がなくて、（寝れなくて）ぱっと横を見たらメダルはあったんですけど、自分の演技に対する悔しさのほうが大きくて。何よりコンディションをしっかり整えたいと思います。足がすごく重たいので。帰ってすぐの全日本で年明けの試合が決まるから、「今回は今回、全日本は全日本」としっかり切り替えていきたい。

── 疲れを取るためには？

三原 すぐ取れる方法があったらいいんですけどね。しっかりお風呂に浸かって、マッサージして、栄養を摂って、できることを全部したいと思っています。

── 今季、振付のデイヴィッド・ウィルソンさんから何を学んでいますか。

三原 こまめに連絡をとっていて、今回も「おめでとう、マイを誇りに思う」と言ってくださったので、すごくうれしくて。シーズンはじめにプログラムの曲を一緒に選んでくださるときから、直接2人で話をして決まった曲なので、ここまで一緒に進んできてくださって、感謝の思いでいっぱいです。

── 心に残っている言葉はありますか。

三原 ショートはとくに、「マイの人生を」と言ってくださり、それを初めて聞いたときに「ああ、すごいなあ」と思いました。いままで、何かの物語の主人公を演じたり、自分の姿を重ねて滑ったことはあったんですが、曲に対して「マイの人生を」と言っていただけたことが、まずすごく……初めて「ガブリエルのオーボエ」を作っていただいたときから結構経つんですが、本当にすべてを知ってくださっている方なので、そういう言葉をいただけてすごくうれしくて。フリーの曲も、「マイはこういう曲もできるはずだ」と決めたので、一緒に戦ってきたプログラムとしてうれしいなと思います。

── ショートは人生を反映するという意味で思い浮かべていることはありますか。

三原 最初から、細かくデイヴィッドさんに「ここはこういうところ」と言っていただいています。最初の音が流れて、膝を持つところは、「あなたの関節が痛かったときをしっかり振り返って、『痛い！』ということを考えながらやって」とか、ステップに行くにつれて盛り上げていくところは、「『スケートに戻ってきて、毎日滑ることができているのがうれしい』っていつも言ってるでしょ？ カムバックしたところを全身で表現してほしい」とか、「最後は何かをつかみ取るように、スピンの最後でしっかりつかんで、最後のポーズまで流れを途切れさせずにもっと上を目指して！」というところを言ってくださいました。

── 悔しい思いを経験されてきたと思うんですが、少し報われたとか、前に進めるという気持ちはありますか？

三原 オリンピックに2回行けなかったことが、今回報われたというわけではなくて、オリンピックの悔しさはもちろんすごくあります。それはそれ、これはこれという感じで。グラ

ンプリで初めて優勝できて、ファイナルでも優勝できたのはすごいうれしいことではあるんですけれども。先生からも「ここまでよく耐えた。よく踏ん張ったから、結果がついてきた」と言っていただいたので、完璧ではなかったけれど、コンディションも含めて踏ん張れてよかったなと思います。

── 全日本に向けては。

三原 全日本のイメージは悔しいことのほうが多いです。その悔しさを、全日本の舞台で晴らせるように、あと数日間しかないですけど、練習できる日はしっかり練習して、ケアをする日はしっかりケアをして、コンディションを整えたい。「集中力の天才」と言っていただけているので、いつも通り演技を楽しみながらスケートをできるように、全日本でもショート、フリーともに、観客席のいちばん上に座っている方まで届くような演技がしたいなと思います。

── 4年前は、「タンゴのような少し強い曲が難しい」と話していましたが、4年間の成長を感じますか？

三原 気持ちの部分が大きくて、はじめから「無理」と思わないようになりました。いままでも「無理かな」と思っていたわけではないんですが、「どうしたらできるようになるかな」という思考に変わったのが大きいかなって。なんとかできるようになりたい、なんとかここに行きたい、というようなことを自分のなかで考えているんですけど、それにしっかりフォーカスしてできるようになったのが、いちばんの要因かもしれません。

── それは、今回の試合にも生きました？

三原 自分の演技に対して、緊張している状況からの持っていき方がすごくうまくなったと思っていて。昨日も緊張はしていたんですけど、できる自信があったので、気持ちのコントロールがうまくなったんだと思います。

── 先ほどのショートの振付の話と重なりますが、もう辞めようと思う瞬間はありました？

三原 辞めるというより、もうだめかな、もう立ち直れないな、という瞬間はすごいたくさんあって。あまりお話ししてこなかったんですけど、とくに去年はどん底だったので、どうしていいかわからなくて、「スケートは好きだけど、滑るの……？」みたいな日がすごく長かった。たくさんの友達、家族、先生方、それにファンの方々からの励ましの言葉やお手紙が心の支えで、それだけで私は生きていた感じです。年末はとくにそうでしたし、四大陸の前もつらかった。「練習でノーミスできているのに、本番でなんでミスしちゃうんだろう」と自分を責めたり、いろいろな経験をして。でも、その経験というのも、スケートをしていなかったらできないこと。いろいろな経験ができていることが幸せだし、スケートができていることがまず幸せなんだというのを、頭いっぱいに考えて過ごしていました。　■

1999年8月22日、神戸生まれ。シスメックス所属。2022年四大陸選手権優勝。今季はGPイギリス大会でグランプリ初優勝、フィンランド大会でも優勝を果たした。SP「Merry Christmas Mr. Lawrence」、FS「恋は魔術師」はともにD・ウィルソン振付。

エキシビションで「Never Enough」を可憐に舞った　©Kiyoshi Sakamoto

山本草太

今季は4回転が安定、GP2戦でいずれ
も2位と活躍し、2015年ジュニアGPF以来
7季ぶりにファイナルへ駒を進めた。

2000年1月10日、岸和田生まれ。中京大学
所属。今季は4回転が安定、GP2戦でいずれ
も2位と活躍し、2015年ジュニアGPF以来
7季ぶりにファイナルへ駒を進めた。

Sota Yamamo

覇気に満ちたフリー「ラフマニノフ　ピアノ協奏曲第2番」を滑る山本草太　©Kiyoshi Sakamoto

目標として追える距離に
ぼくが戻ってこられた

2006年トリノ・オリンピックでのエフゲニー・プルシェンコの金メダルを見て、フィギュアスケートを習い始めたという山本草太。その聖地であるパラベラで行われるファイナルへの切符をGP2戦でもぎとり、憧れのリンクに立った。「すごく感慨深い」と充実の表情で臨んだ試合では、SPで4トウ＋3トウと4サルコウ、フリーでは4サルコウ、4トウ＋3トウ、4トウをはじめジャンプを1本1本降りていき、着氷のたびに小さくガッツポーズを重ねて、完成度の高いパフォーマンスに仕上げた。長い雌伏のときを耐え抜き、国際舞台に実力で戻ってきた彼が、宇野昌磨と並んでトリノGPファイナルの表彰台に。晴れやかな笑顔に喝采が降り注いだ。

―― 表彰台から一夜明けて、いまどんな気持ちですか。

山本 もちろんうれしい気持ちはどこかにあるし、今回は今回で喜んで、という声もあったんですけど、ぼく自身は次に向かっているというか、全日本が帰ったら1週間後にあるので、今回を1つの経験として、ここでの出来を整理しながら、どうやったら全日本でも同じような演技ができるんだろうと日々考えて練習していけたらなと思っています。

―― 今回の結果が出せたのは、どんなことが変わってきたんでしょうか。

山本 もちろん周りのサポートとか、コーチの力とか、たくさんのサポートのおかげでこの場所、この結果が得られたと思います。まずは、自分で自立して、自分から練習に取り組みたいと思いながらやれるようになってきた。先シーズンもすごく努力はしてたけど、力が足りないと痛感させられたシーズンだったので、その悔しい思いから、今シーズンは自分からトレーニングや練習を積み重ねてこられた。自分から行動できるようになったのが、成長につ

ながっている部分じゃないかと思います。中京大学のトレーナーさんの指導で、週に2〜3回見てもらって、身体の調子に合わせてケアをしていただいています。

―― ファイナル出場で、上を目指せる立場にきたという実感が？

山本 でもみなさん本当に高いレベルで戦っていて、ファイナルなんて4回転が当たり前という選手が6人揃っていて、試合で誰が成功させるかというところだった。今回はぼくもうまくいきましたけど、全日本では今回の4人だけでなく、たくさん素晴らしい選手がいるので、全日本でも上に行くためにやっていけたらと思っています。

―― 宇野選手とは30点差くらいありました。

山本 いままでは憧れというか、目標としても追えないくらい離れていたんですけど、やっと目標として追えるくらいの距離というか、ぼくがやっと戻ってこられたのかなと思う。ぼくは4回転2種類、昌磨くんはもう4種類とか5種類跳べるので、そういった差と、シニアでの経験や積み重ねの差がすごくある。ここからもっとぼくがレベルアップしていかないといけないと思いますし、でもなんか、目標とする選手が身近にいるから、ぼくも頑張れる

かなと思います。やっと同じ試合で近い順位をとることができてうれしいですし、また積み重ねて、レベルアップしていけたら。

―― 怪我の予防のために心がけているのは？

山本 骨折だけじゃなくて、いろんな怪我をしてきたからこそ、どういったケアをしたら早く治るかとか、食事管理とか、練習量とか、22歳になってやっとわかってきた。「いまは無理しちゃだめ」とかがやっと把握できるようになってきたのかなと。怪我をする前からジャンクフードや外食ばかりだったんですが、骨のためにカルシウムだけでなくビタミンDを摂るとか、試合前もどういうエネルギーを摂れば回復力が上がるかとか、考えながら食事するようになりました。「（骨折部位に入れた）ボルトが折れたら引退」という覚悟で、衝撃がかかる部分なので一応覚悟しながら、競技人生を送っているという感じです。　■

SP「Yesterday」©Kiyoshi Sakamoto

三浦璃来＆木原龍一がグランプリファイナルの頂点へ　©Kiyoshi Sakamoto　

Riku

三浦璃来＆木原龍一

Miura
+
Ryuichi Kihara

演技前に固く手を握り合い滑ったフリー「Atlas: Two」 ©Kiyoshi Sakamoto

キス＆クライでそれぞれにミスを悔い涙の三浦璃来＆木原龍一（中央）、ブルーノ・マルコットコーチ（左）、ブライアン・シェールズコーチ（右）　©Kiyoshi Sakamoto

プレッシャーへの対処が学べました

　日本ペア、グランプリファイナル初制覇。シーズンオフに負った三浦の怪我を乗り越えて臨んだ今シーズン、GP2戦を制して初めてのファイナルへと赴いた2人。「つねにぼくたちは挑戦者、追いかける側」というメンタルで試合を迎え、見事に勝ちきってみせた。笑顔、涙、そしてまた笑顔。いよいよ波に乗る"りくりゅう"が描き出す新しい景色は、全日本を挟み、今度は世界選手権へと舞台を移す。

―― 優勝を達成しました。

木原　初めてプレッシャーのなかで勝たないといけない試合だったので、ものすごくきつい戦いでしたが、優勝できてうれしく思います。

―― 楽しさは変わらずにできました？

木原　フリーは「勝ちきらないといけない」という苦しさのほうが勝ってしまったかな。

三浦　プレッシャーはあったんですけど、でも2人で滑る楽しさはあったので。私は失敗があったけど、最後まで楽しめたかなと思います。

―― 成長を実感する部分は？

木原　ミスがあるなかでも、以前のベストのときの点数に近い点数が出せるようになったのは成長かなと。

三浦　ショートとフリーともに、ツイストのレベルを取れたので、それは短期間での成長だなと思います。

―― プレッシャーを抱えたときのコミュニケーションなど、今後に向けたヒントはありましたか。

木原　試合前から心が整わないなという気持ちがあって、どこか不安な気持ちがあったのかなと思います。サルコウで久しぶりにミスをしたので、プログラムへの戻り方がわからなかった。本当に焦って、璃来ちゃんは当たり前ですが動き続けているので、どうやって拾えばいいのか、一瞬パニックになった。「こういうプレッシャーがある」ということを学べたかなと。この経験はいままでになくて、自分がどう対処していいのかわかっていなかった。このファイナルを2人で経験させていただいて、プレッシャーのかかり方がわかりました。

―― ブルーノ・マルコットコーチは、世界トップになれると言っていましたね。

木原　結成当時から「お前たちは世界で何番になれる」って。最初言われたときは「何を言っているんだ」と思っていたんですけど、シーズンを重ねるたびに、ブルーノコーチの言うことを信じていけば、達成可能な目標なんじゃないかと思うようになりました。

―― 今回、ジュニアの村上＆森口ペアが出てきたことについては？

木原　次の世代は必ず必要になってくるので、新しい子たちが出てくるのは素晴らしいなと思います。

―― 「道しるべ」と言っていました。

木原　道しるべになれたらいいんですけど、たまに消灯するんで。（笑）やっぱり1組だけでは強くなっていかないと思うので、次の世代が複数出て、競い合わなければやっぱり厳しい。だからすごくいいことだと思います。

―― フリー後の涙は、「自分のミスが相手に対して申し訳ない」と話されていて、そうしたお互いへの責任感について聞かせてください。

木原　ぼくが本来なら助けてあげないといけない場面だったのに、ぼくのほうがきてしまって。ぼく自身、「ジャンプを確実に決めれば、璃来ちゃんの不安を減らせるな」と思っていたのに、ぼくが失敗して、点数が出るまでは致命的なとりこぼしだと思ってしまった。璃来ちゃんが頑張ってくれたのに申し訳ないという思いで、昨日の涙はそれがすべてでした。

三浦　私も同じ。自分のミスから絶対立て直さないといけないんですけど、スロウで加点がとれなかったので、そこは申し訳ないと思いました。 ■

三浦は2001年12月17日宝塚生まれ、木原は1992年8月22日愛知生まれ。木下グループ所属。2022年北京オリンピック7位、世界選手権2位。今季は世界の頂点に照準を合わせる。

坂本花織

Kaori Sakamoto

2000年4月9日、神戸出身。シスメックス所属。2022年北京オリンピック銅メダル、世界選手権優勝。今季は新しく振付をロヒーン・ウォード、マリ=フランス・デュブリュイユに委嘱。

自分で自分を
叱らないといけない

　練習での不安を抱えたまま本番を迎えた坂本花織。「エンジンだけがかかっていて、上がりきらない状態」といい、SP1位からフリーで崩れてまさかの5位。だが頂点を極めた選手らしく、凛とした態度で試合を振り返った。

　試合後に思う存分泣いて、いつも通りに戻りました。フリー全部、びっくりするくらい足が動かなかった。泣いて切り替えられるタイプなので、あまり引きずりたくない。こういうのは久しぶりです。2019年の代々木の全日本がたぶんいちばん泣いて、それが最後。次の全日本まで、もう2週間毎日1時間走る！去年もアジア（フィギュア杯）が悪くて、1週間後のスケートアメリカまで頑張って走り込んだらフリーのノーミスまでは持っていけたので、「2週間あるんやから、がんばればできる」という感覚になってます。とにかく泥臭く、2週間無駄にしないようにしたい。

　以前は振付のブノワ先生に何試合かごとに怒られていたけど、それがなくなったので、自分で自分を叱らないといけない。自分に甘くなってしまったのがいちばんの原因だと思います。1時間走ると、体力もそうだけど、メンタル的にも鍛えられる。演技の後半の3回転＋3回転で「ここから勝負」と思うかどうか、昨シーズンまでとの差が大きいと思いました。

　SP1位から総合5位に終わる波乱の試合に　©Kiyoshi Sakamoto

渡辺倫果
Rinka Watanabe

今シーズンは
戦える自信に

GP2戦にいずれも繰り上げ出場、そこからファイナルに到達。「考えてみてください、ノーアサインからファイナルに来ている人間、過去にいました？」と気負いなく試合に臨み、4位に。ここからシーズン後半を見据える。

フリーのあと、夜にガチ泣きしました。試合前は「ボロっても世界6位」と思ってたんですが、今なんで悔しがっているんだろう。中庭先生に「悔しいね」と何度も言われて、「また来年帰ってきて、表彰台に乗ります」と言ったら、「その前に世界選手権ね」と。GPのアサインもなかったのに、2戦出てファイナル来て、今度は世界選手権なんて、1年で状況が変わりすぎて、全然自分が追いついてないです。私は中庭先生に全日本でクリスマスプレゼントを渡さないといけないので、世界選手権もとなったら破産！（笑）今シーズンはもう本当にわけのわからない状態で……。結果と実力が見合っているか自信がないですが、ファイナルは、自分の足りない部分、やるべきことをちゃんと見ることができた大会になったので、あとは課題を埋めつくして、そこでやっと自信が持てると思います。

全日本へは、ファイナルに行ったという強い思いで行ったほうがいいのかな。どの試合でも自分がやるべきことは変わらない。自分に勝った先に結果や点数はついてくると思います。

2002年7月19日、千葉生まれ。法政大学所属。2022年世界ジュニア10位。今季は初戦のロンバルディア杯で優勝し、GP2戦に繰り上げ出場してファイナル進出を決めたシンデレラガール。

男子シングル4位

佐藤 駿
Shun Sato

ジャンプの質を
高めていきたい

フリー1番滑走で見せた会心の演技を号砲に、好演連発の男子フリーが開幕した。4ルッツ、4トウ＋3トウ、4トウ、さらに2本の3アクセルを完璧に着氷。ジュニアグランプリファイナル優勝の思い出の地トリノで、稀代のジャンパーが帰ってきた。

4位という結果については、頑張ったかなと思ってます。ショートは正直すごく悔しかった。今回こそいけるかと思っていたんですが、1番滑走で調整ができていなかったです。

4ルッツは、フリーに関してはかなり感触がいい。ショートはしっくり来ていない部分があるので、全日本までに修正できるよう頑張りたいです。フリーはジャンプの本数が多いので、ミスしても次に切り替えられるという軽い気持ちで臨んでいるからミスが出ないのかなと。練習ではノーミスしていて、今回は練習のままできたという形ですが、去年はそれが全然できなかったので、今年は結構できているのかなと思っています。ここから来年、再

来年と海外試合をたくさん踏んで、演技構成点も確立させていきたい。有名でもないし、あんまり点数が伸びないのも納得いっています。これからどんどん試合に出て、点数を出していけるよう頑張りたいです。上位選手は4回転の質やGOEの加点の高さが全然違う。個々のジャンプの質をいま以上に高めていきたいと思っています。

2004年2月6日、仙台生まれ。明治大学所属。2019年ジュニアGPF優勝。今季はGPイギリス大会、GPフィンランド大会で好調、肩の怪我からの復調を果たしファイナル進出。

19 WORLD FIGURE SKATING　すべての要素でGOEがプラスになる目覚ましい演技を見せた　フリー「レッドヴァイオリン」©Kiyoshi Sakamoto

三浦佳生

不運のファイナル
ブラボーは言えない

SPで3位につけながら、フリーで今季の目玉4ループの不発や後半の転倒など、高い能力を活かしきれなかった。17歳のほろ苦い初ファイナルは、今後への糧になるだろう。

終わっちゃったな、もう1回滑りたいなと思うけど、もう滑れないので、「ファイナルはまた来年来て、絶対にリベンジしてやる」という感じです。昨季に比べてスケーティングスキルの点が出るようになったのは練習の成果。ジュニアの頃の映像と見比べると、すごく成長してるなとは感じます。でもこの舞台で出し切る力がぼくには全然なかった。自分だけ出せなかった悔しさと、だからこそ「いまに覚えとけよ、全日本見とけよ！」くらいの気持ちです。

ワールドカップの日本対クロアチア戦を行きの機内で見て、駿と「どっちかがいい演技をしたらブラボー言おうぜ」と話してたんですけど、駿言わなかったんですよ。「忘れてた」って。ぼくはもちろん言えなかったですよね。トリノをひと言で言うと「不運」！　試合前に、草太くんと澄士くんと駿と4人でバーガーキングに行ったんですけど、トレーの中身ごとスマホを捨てちゃったんです。ゴミ箱のなかをみんなで探して、なんとか見つけて、なのに画面が真っ暗に……。あそこから不運が始まっていました。

2005年6月8日、東京生まれ。オリエンタルバイオ／目黒日本大学高校所属。2022年四大陸選手権3位。シニア本格参戦の今季、GP2戦で立て続けに2位表彰台に上がる活躍。

「GP2戦の成功が水の泡に」と悔やむも、ポテンシャルはアピール　©Kiyoshi Sakamoto

ISU Junior Grand Prix Final
TORINO 2022

ジュニアグランプリファイナル2022
芽吹き始めた
レガシー

ジュニアグランプリファイナルが12月8〜11日、
イタリア・トリノでシニアのグランプリファイナルと同時開催。
日本からは男子3選手、女子3選手、ペア1組が出場、
女子の島田麻央が日本勢11大会ぶりの勝利をあげて、
日本スケート界の明るい未来を世界にもアピールした。

写真：坂本 清　Photographs by Kiyoshi Sakamoto
取材・文：編集部　Text by World Figure Skating

ジュニアグランプリファイナルで優勝した島田麻央　©Kiyoshi Sakamoto

今季のジュニアグランプリ全6戦（第4戦アルメニア大会は中止）で表彰台に上がった日本と韓国から3選手ずつ勝ち上がり、初の日韓戦となったジュニア女子。今大会、女子では唯一の4回転ジャンパーである島田麻央が、フリーで回転不足ながら4トウを降りて、205.54点で優勝した。島田は3アクセルと4回転の両方を跳び、4位の中井亜美、6位の吉田陽菜もトリプルアクセルジャンパー、今大会でも挑戦を選んだ。いっぽうの韓国勢は、今大会では先に完成度を上げることを選択。2位のシン・ジアはフリーの後半に3ルッツ＋3トウを決めるなど、すべての要素

で出来栄えの加点を得て200点を超えた。島田、シン、そして回転がやや足りなかったものの3アクセルを降りた中井は、技術点ではシニア女子のトップを上回る。

それぞれの成長曲線を描きながら才能のきらめきを見せる両国の次世代は、浅田真央とキム・ヨナを見てスケートを始めた世代だ。島田が「浅田真央さんを目標にしている」と語れば、シンや3位のキム・チェヨンは「ヨナお姉さんは私がスケートを始めた理由」と口をそろえる。偉大なレジェンドたちが撒いた種がいま、新たな季節に咲かんとしている。

ジュニア男子にも日本から3選手が出場、全日本ジュニアチャンピオンの吉岡希がフリーで4トウ＋3トウを成功してSP5位から3位まで巻き返し表彰台へ上がった。3アクセルを決めてSP3位につけた中村俊介が4位、片伊勢武アミンは6位。また、ペアでもカナダペアの怪我により直前に繰り上げ出場が決まった村上遥奈＆森口澄士が、結成半年で4位に入る大躍進を見せた。長いシリーズ戦を勝ち抜き、大舞台で経験を積んだ日本のジュニア選手たち。大きな成長を経て、8選手全員が次は全日本選手権でシニア選手たちと対峙する。　■

島田麻央

ここまで一生懸命やるのはスケートだけ

ジュニア1年目でジュニアグランプリに初参戦、2勝のトップ通過でファイナルにたどり着き、SP、フリーともに1位で完勝。3アクセルと4トウで瞬く間に世代のトップに躍り出た島田だが、ここファイナルでは3アクセルで乱れ、4トウは回転不足の着氷と伸びしろもまだまだ見えている。高い技術力のみならず、伸びやかなスパイラルで大きな歓声を受けるなど、オールラウンダーな次世代のリーダーとして、将来を嘱望される。

── 優勝から一夜明けて、実感はいかがですか。

島田 昨日よりは、インスタやTwitterを見て、少し実感は湧いてきたんですけど、まだファイナル優勝という実感はあまり感じてないです。

── ご自身の演技は映像でご覧になりました？

島田 アクセルに関しては、もうちょっと耐えられたかなと思ったり、もうちょっとこうしていればよかったかなという部分はあるんですけど、全体的にはよかったんじゃないかなと思います。

── 濱田美栄コーチは、島田選手のことを「自分が調子よくないときも一生懸命練習する」と話していました。そういう姿勢は親御さんの教育など、どんなところから身についてきたと思いますか。

島田 お母さんには悪いことと、いいことは普通に言われているんですけど。調子がいいときの期間は長くなくて、悪いときのほうが多いので、大きくなるにつれて、一生懸命練習しなかったあとに後悔を感じたり、たくさん練習したあとの解放感だったりが、すごく気持ちいいなと思うようになったので、一生懸命練習しないと物足りない感じが自分でしてしまう。一生懸命練習するのは、毎日ちゃんとすっきりして終わりたいっていうのがあるからだと思います。

── それはスケートだから一生懸命になれる？

島田 ここまで一生懸命やるのはスケートだけだと思います。

── 4トウの次に習得するジャンプを3アクセルと決めたのは？

島田 濱田先生にアクセルを重点的に跳べるようにしていただいたというのと、いま女子ではシニアになっても4回転はショートに入れられなくて、アクセルが跳べないとショートでけっこう点数差が出てしまうので、アクセルがすごく重要だなと、アクセルを先に跳ぼうって思いました。

── 2030年のオリンピックを目指すうえで、どんな未来予想図を描いていますか。

島田 シニアに上がるまでに4回転の種類をもう少し増やして、シニアの4年間はいろんな試合で優勝して、それでオリンピック選考会で選ばれるようにしたいと思っています。

── フリーの振付師であるローリー・ニコルさんからはどんなことを教わりましたか。

島田 とくにスケーティングをもっと強く押すというのを言われました。

── ローリーさんにお願いしたのは、浅田真央さんの振付をしていた振付師だからというのも？

島田 浅田真央さんに憧れているので、真央さんの振付をしたローリー・ニコルさんに振付してもらいたいというのはありましたし、ローリー・ニコルさんが振付をしている浅田真央さんの曲や振付がすごく好きだったので、やってもらいたいと思いました。「スマイル」や「ノクターン」が好きです。

── 「人を笑顔にできるような演技をしていきたい」と話していましたが、そのためにはどんなことが必要だと感じていますか。

島田 まずは、自分が演技をしているときに、気持ちをこめて笑顔で滑ることが大事かなと思っています。　■

キス＆クライの島田麻央（中央）濱田美栄コーチ（右）ジスラン・ブリアンコーチ（左）©Kiyoshi Sakamoto

Mao Shimada

2008年10月30日、東京生まれ。木下アカデミー所属。2021年全日本ジュニアでノービスながら優勝。今シーズンはJGP2大会、JGPファイナルで優勝、全日本ジュニアも2連覇。4トウと3アクセルを国際大会で跳ぶ女子選手は現在世界唯一。

フリーで3アクセル、4トウに挑む果敢な演技を見せた島田麻央 ©Kiyoshi Sakamoto

吉岡 希 *Nozomu Yoshioka*

届かなかった選手の分も
頑張ろうと思った

　ジュニアラストシーズンにして初めてジュニアグランプリ出場を掴んだ。1位の喜びと5位の悔しさを経験してファイナル進出をもぎ取り、直前の全日本ジュニア選手権でも有終の美を飾って乗り込んだ今大会。SP5位と出遅れたが、フリーではただ1人、4トウ＋3トウを決めて、逆転で表彰台に上がった。全日本ジュニア王者として臨む3月の世界ジュニア選手権に向けて、メダルの喜びよりも演技内容への悔しさが口をついた。静かに闘志を燃やし、ステップアップを誓う。

　フリーで2本目の4回転が締めきれなくて悔しいです。1本目降りたからホッとしたとかではなくて、全部のジャンプを最後まで集中しないと、ちっちゃなミスがどんどん減点につながって、それで負けるかもしれないので、最後までしっかり集中してジャンプはできたと思います。

　この舞台に立てたことはすごくうれしくて。自分はギリギリでこの試合に来られたので、行けなかった選手のためにも頑張ろうと思って挑んだんですけど、ジャンプを2本もミスしてしまった。フリーは気持ちを切り替えてできたのはよかったんですけど、本当に悔しい演技になりました。スピンもスケーティングもこの舞台に立てるほど全然上手くないので、もっと磨いていきたいと思います。ジャンプもこの種類のままだと、来年シニアに上がったら全然勝てない。すべて足りないのでもっと頑張っていきたいと思います。世界ジュニアではこのメンバーとも一緒に戦うと思うので、次はしっかり勝てるように頑張りたいと思います。

　2003年12月15日、大阪生まれ。法政大学所属。2021年全日本ジュニア3位。今季はJGPチェコ大会で優勝、ポーランド大会①で5位となりJGPファイナル進出。全日本ジュニアでは初優勝。

中井亜美
Ami Nakai

不可能から摑んだ大舞台

「がんばれ、アミーゴ！」。滑走直前、パラベラに先輩たちからのエールが響いた。声援に応えるようにSPではにこりと笑みを作り、フリーではすっと瞼を落とした。小学6年生から3アクセルを跳び、今季はジュニアGPポーランド大会(2)、全日本ジュニア選手権で成功させ表彰台を射止めている。音楽の初めから最後までプログラムの世界に入り込み、自慢の表現力で観客を楽しませながら、フリーでは3アクセルを含む全6種類8本の3回転を跳んで、技術面でも才能の片りんを世界にお披露目した。

大きな舞台で緊張もあったなか、トリプルアクセルは着氷できたんですけど、qマーク(4分の1回転以下の不足)がついてしまったので、そこはすごくいま悔しいです。ジャンプは、全部は揃わなかったんですけど、しっかり着氷できたので、自信につながるんじゃないかなと思っています。昔から表現力がすごいと言われることが多かったので、それがいちばんの持ち味じゃないかな。

はじめ、ジュニアグランプリは1戦しかもらえなくて、2戦目はほぼ不可能な状態から呼んでいただけた。自分でもびっくりしたし、ファイナルに出られるとは思っていなかったので、そこはすごくよかったなと思います。

2008年4月27日、新潟生まれ。MFアカデミー所属。2021年全日本ジュニア7位。今季JGP2戦で3位、優勝と活躍し、初めてのファイナル出場。3アクセルを跳ぶ中学2年生だ。

フリー「ミス・サイゴン」でキレのいい演技を披露した中井亜美 ©Kiyoshi Sakamoto

吉田陽菜 *Hana Yoshida*

シニアでこの舞台に戻ってきたい

念願のジュニアグランプリだった。パンデミックの影響で大会や派遣の中止が続き、試合に出られないもどかしさから涙することもあった。今季、塞ぎこんだ日々を乗り越えて世界の舞台で滑る喜びを、ローリー・ニコルとともにかたちにしたのがSP「Dog Days Are Over」。SP、フリーともに得意のジャンプでミスが出た。今季すべての試合で降りてきた3アクセルを初めて転んだ。だが、シリーズ2勝を挙げて掴んだ初の大舞台で、観客とともに滑る喜びを噛みしめた。

本当に悔しい結果にはなったんですけど、最後まで諦めずにできたのでそこはよかったかなと思います。この失敗を全日本につなげられるように、あと2週間しかないんですけど、絶対リベンジしたいです。練習もできることは全部してきたし、やり残したことはないですが、やっぱり自分は弱いんだなと思います。

ジュニアグランプリの派遣が決まったときは、このファイナルに来られるとはまったく思ってもなかったので、充実したジュニアグランプリだったと思います。シニアで活躍したいので、シニアでこの舞台に戻ってこられたらいいなと思います。

2005年8月21日、名古屋生まれ。木下アカデミー所属。2021年全日本ジュニア4位。今季はJGPフランス大会、イタリア大会で2勝しファイナルへ。ノービス時代から3アクセルを跳ぶ。

笑顔で滑った吉田陽菜。ローリー・ニコル振付のSPの演技 ©Kiyoshi Sakamoto

中村俊介

Shunsuke Nakamura

表彰台を狙う
緊張感を経験できた

昨季、全日本選手権でSP落ちを喫した悔しさから、競技への姿勢を一変、今季は練習量を倍増して臨んだ。その成果はジュニアグランプリ初出場初優勝と実を結んでファイナルに到達。ファイナルでは、会心のSPで3位につけたが、フリーで4トウなど得点源を決め切れず4位。この悔しさを糧に、まずは全日本選手権で雪辱を期す。

久しぶりの歓声ですごく鼓舞されましたし、絶対にノーミスしてやろうという気持ちになりました。（選手紹介の）演出も初めての経験で鳥肌が立って、身震いというか、ここまで来られたんだなとちょっと感動しました。

フリーでジャンプのデカいところのミスが多かった。こけたのが痛かったかなと思います。表彰台が目標だったので意識はしましたし、緊張感もすごくありました。大きな試合に出られたのが1つの経験。表彰台を狙う緊張感とか、会場の盛り上がり方もすごくいい経験になりましたし、これを今後につなげていきたいです。

イタリアには以前、靴づくりで、佳生と駿くんと一緒に来たことがあり、それで今回、カテゴリーは違うんですけど、一緒に来られてうれしいです。やっぱりあの2人はすごいなと今日のフリーを見て思ったので、ちょっとずつでも追いつけるように頑張ります。全日本は去年のリベンジをします！

2005年8月6日、名古屋生まれ。木下アカデミー所属。2021年全日本ジュニア6位。今季はJGP2戦で優勝、2位と躍進し、ファイナルに駒を進めた。ドラマティックな滑りが持ち味。

SPでノーミスの演技を披露した中村俊介 ©Kiyoshi Sakamoto

片伊勢 武アミン

Takeru Amine Kataise

いい演技をする努力が
まだ足りなかった

ジュニアグランプリ2戦では1位と3位につけ、直前の全日本ジュニア選手権でも2位に入ってファイナルに臨んだが、ジャンプのミスが続いて6位。「スケート人生で起こることすべてに意味がある」という恩師・長光歌子の言葉を胸に、まっすぐと未来を見つめる。

目標に全然及ばない演技になってしまって、悔しいというか、悲しい気持ちもあるし、複雑な感じです。練習をしっかり積んできたつもりだったんですけど、ここでいい演技をするだけの努力がまだ足りなかったのかなと思います。割と落ち着いて演技を始められたのですが、中盤ぐらいから疲れや呼吸の乱れが出てきたときに、ジャンプのリズムとかが狂ってミスにつながってしまいました。

去年までの自分だったら考えられないような位置にいるんだなということはすごく実感しているんですが、自分の目指すところはここで終わってちゃだめだなっていうのも同時にすごく思いました。いまはまだ少し落ち込んでいる状況なんですけど、大舞台である全日本が1週間後に来るので、そこで自分がどこまでやっていけるか試してみたいと思います。

2004年2月8日、島根生まれ。関西大学所属。2021年全日本ジュニア4位。ジュニア最終年にJGPポーランド大会②で優勝、イタリア大会で3位となり、ファイナルの大舞台へ。2022年全日本ジュニア2位。

課題を見つけて どんどん上達したい

　JGP2戦中ポーランド大会(1)で3位表彰台。結成間もない2人がファイナルに繰り上げ出場となり、トリノの氷を踏んだ。全日本ジュニアから連戦の疲れも見せず、4位と躍進した。

村上　滑りに行く前、先生たちに「この大きな舞台に立たせていただくことに感謝して、楽しんで滑りきって」と言われて、すごく楽しんで滑りきれたのでよかったと思います。上手なほかの選手を実際に見て学ぶことができて、勉強になりました。1つ1つの大会に出て、課題を見つけ、次の試合に向けて練習していって、どんどん上達していきたいです。

森口　こちらに来てから、三浦選手、木原選手に「おめでとう」とまず言っていただきました。緊張感をもって練習されていたので、自分たちも見習って練習に取り組んでいました。やはり道しるべというか、ついていかせていただく存在。世界のトップに立ってくださるのはぼくたちのモチベーションにもなります。遥奈ちゃんとぼくは同じ先生についているので、ジャンプの教え方とかが同じで、お互い理解も早い。自分たちはもう「頑張ろう」じゃなくて頑張るのが普通という気持ちで練習しているので、試合前のグータッチでお互い気持ちが伝わったと思います。

村上は2008年7月30日オーストラリア・パース生まれ、森口は2001年12月29日京都生まれ。木下アカデミー所属。2022年4月結成、今季はJGP2戦で4位、3位。2人ともシングル選手としても活躍。

ジュニアペア4位

村上遥奈&森口澄士

Haruna Murakami + Sumitada Moriguchi

　繰り上げ出場でのびのびと滑った村上遥奈&森口澄士　©Kiyoshi Sakamoto　　記事の内容は2022年12月12月8〜11日の共同取材より構成

男子メダリスト（左から）2位の山本草太、1位の宇野昌磨、3位のイリア・マリニン ©Kiyoshi Sakamoto

女子メダリスト（左から）2位のイザボー・レヴィト、1位の三原舞依、3位のルナ・ヘンドリックス
©Kiyoshi Sakamoto

ペアメダリスト（左から）2位のケネリム＆フレイジャー、1位の三浦璃来＆木原龍一、3位のコンティ＆マチイ
©Kiyoshi Sakamoto

アイスダンスメダリスト（左から）2位のチョック＆ベイツ、1位のギレス＆ポワリエ、3位のギナール＆ファッブリ
©Kiyoshi Sakamoto

ジュニア男子メダリスト（左から）2位のルーカス・ブルサード、1位のニコライ・メモラ、3位の吉岡希
©Kiyoshi Sakamoto

ジュニア女子メダリスト（左から）2位のシン・ジア、1位の島田麻央、3位のキム・チェヨン　©Kiyoshi Sakamoto

ジュニアペアメダリスト（左から）2位のバラム＆ティオメンツェフ、1位のゴルベワ＆ヨートブロス＝ムーア、3位のスミス＆デン　©Kiyoshi Sakamoto

ジュニアアイスダンスメダリスト（左から）2位のイム＆ファン、1位のバシンスカ＆ボーモント、3位のムラズコワ＆ムラゼック　©Kiyoshi Sakamoto

RESULTS

表の見方
左部分が最終順位と合計得点。右部分がショートプログラム(SP)とフリースケーティング(FS)の順位と得点。アイスダンスの場合はリズムダンス(RD)とフリーダンス(FD)の順位と得点。( )内は左がエレメントスコア、右がプログラムコンポーネンツスコア。( )の右は減点。

ISU Grand Prix Final 2022/2023
グランプリファイナル　Dec. 8 - 11, 2022　イタリア・トリノ

	Pl.	Name	Nation	Points		SP/RD		FS/FS
Men	1	Shoma UNO	JPN	304.46	1	99.99 (54.42 / 45.57)	1	204.47 (111.59 / 92.88)
	2	Sota YAMAMOTO	JPN	274.35	2	94.86 (54.67 / 40.19)	3	179.49 (100.87 / 78.62)
	3	Ilia MALININ	USA	271.94	5	80.10 (40.86 / 39.24)	2	191.84 (114.88 / 76.96)
	4	Shun SATO	JPN	250.16	6	76.62 (40.42 / 37.20) -1.00	4	173.54 (100.51 / 73.03)
	5	Kao MIURA	JPN	245.74	3	87.07 (47.88 / 40.19) -1.00	6	158.67 (81.15 / 78.52) -1.00
	6	Daniel GRASSL	ITA	244.97	4	80.40 (42.15 / 39.25) -1.00	5	164.57 (87.85 / 76.72)
Women	1	Mai MIHARA	JPN	208.17	2	74.58 (39.87 / 34.71)	1	133.59 (67.47 / 67.12) -1.00
	2	Isabeau LEVITO	USA	197.23	5	69.26 (36.49 / 32.77)	2	127.97 (64.31 / 64.66) -1.00
	3	Loena HENDRICKX	BEL	196.35	3	74.24 (38.75 / 35.49)	4	122.11 (56.10 / 67.01) -1.00
	4	Rinka WATANABE	JPN	196.01	4	72.58 (41.05 / 31.53)	3	123.43 (62.16 / 62.27) -1.00
	5	Kaori SAKAMOTO	JPN	192.56	1	75.86 (40.37 / 35.49)	6	116.70 (50.25 / 66.45)
	6	Yelim KIM	KOR	180.58	6	61.55 (29.63 / 31.92)	5	119.03 (58.14 / 61.89) -1.00
Pairs	1	Riku MIURA / Ryuichi KIHARA	JPN	214.58	1	78.08 (43.13 / 34.95)	1	136.50 (66.91 / 69.59)
	2	Alexa KNIERIM / Brandon FRAZIER	USA	213.28	2	77.65 (43.07 / 34.58)	2	135.63 (67.35 / 68.28)
	3	Sara CONTI / Niccolo MACII	ITA	187.02	4	67.30 (37.65 / 29.65)	3	119.72 (60.91 / 59.81) -1.00
	4	Deanna STELLATO-DUDEK / Maxime DESCHAMPS	CAN	184.28	3	69.34 (38.28 / 31.06)	5	114.94 (55.03 / 59.91)
	5	Rebecca GHILARDI / Filippo AMBROSINI	ITA	180.39	5	63.54 (33.72 / 29.82)	4	116.85 (56.94 / 59.91)
	6	Emily CHAN / Spencer Akira HOWE	USA	162.91	6	53.85 (24.83 / 29.02)	6	109.06 (54.51 / 56.55) -2.00
Dance	1	Piper GILLES / Paul POIRIER	CAN	215.64	1	85.93 (48.39 / 37.54)	1	129.71 (72.63 / 57.08)
	2	Madison CHOCK / Evan BATES	USA	211.94	2	85.49 (48.53 / 36.96)	2	126.45 (69.97 / 56.48)
	3	Charlene GUIGNARD / Marco FABBRI	ITA	206.84	3	84.55 (47.49 / 37.06)	3	122.29 (66.57 / 55.72)
	4	Lilah FEAR / Lewis GIBSON	GBR	200.90	5	80.75 (45.08 / 35.67)	4	120.15 (67.01 / 54.14) -1.00
	5	Kaitlin HAWAYEK / Jean-Luc BAKER	USA	198.06	6	79.50 (44.50 / 35.00)	5	118.56 (65.34 / 53.22)
	6	Laurence FOURNIER BEAUDRY / Nikolaj SOERENSEN	CAN	196.15	4	83.16 (46.88 / 36.28)	6	112.99 (61.35 / 53.64) -2.00

ISU Junior Grand Prix Final 2022/2023
ジュニアグランプリファイナル　Dec. 8 - 11, 2022　イタリア・トリノ

	Pl.	Name	Nation	Points		SP/RD		FS/FS
Junior Men	1	Nikolaj MEMOLA	ITA	230.50	2	79.84 (43.52 / 36.32)	1	150.66 (77.26 / 73.40)
	2	Lucas BROUSSARD	USA	220.43	1	81.11 (43.95 / 37.16)	3	139.32 (63.10 / 76.22)
	3	Nozomu YOSHIOKA	JPN	208.01	5	66.83 (35.10 / 31.73)	2	141.18 (76.84 / 64.34)
	4	Shunsuke NAKAMURA	JPN	198.64	3	74.81 (40.33 / 34.48)	6	123.83 (61.13 / 64.70) -2.00
	5	Robert YAMPOLSKY	USA	198.02	4	73.31 (40.61 / 32.70)	4	124.71 (61.78 / 64.93) -2.00
	6	Takeru Amine KATAISE	JPN	182.49	6	58.19 (28.16 / 32.03) -2.00	5	124.30 (58.07 / 66.23)
Junior Women	1	Mao SHIMADA	JPN	205.54	1	69.66 (38.84 / 30.82)	1	135.88 (73.40 / 62.48)
	2	Jia SHIN	KOR	200.32	2	69.11 (38.87 / 30.24)	2	131.21 (72.07 / 59.14)
	3	Chaeyeon KIM	KOR	190.36	3	66.71 (37.16 / 29.55)	3	123.65 (64.71 / 58.94)
	4	Ami NAKAI	JPN	189.23	4	65.97 (36.89 / 29.08)	4	123.26 (69.09 / 54.17)
	5	Minsol KWON	KOR	175.43	5	59.91 (32.79 / 27.12)	5	115.52 (62.38 / 53.14)
	6	Hana YOSHIDA	JPN	158.30	6	55.51 (26.68 / 29.83) -1.00	6	102.79 (50.66 / 53.13) -1.00
Junior Pairs	1	Anastasia GOLUBEVA / Hektor GIOTOPOULOS MOORE	AUS	181.37	2	60.19 (32.45 / 27.74)	1	121.18 (62.63 / 58.55)
	2	Sophia BARAM / Daniel TIOUMENTSEV	USA	176.78	1	63.62 (36.39 / 27.23)	2	113.16 (55.86 / 57.30)
	3	Cayla SMITH / Andy DENG	USA	150.51	3	55.21 (29.80 / 25.41)	4	95.30 (45.57 / 50.73) -1.00
	4	Haruna MURAKAMI / Sumitada MORIGUCHI	JPN	149.03	5	46.80 (23.95 / 22.85)	3	102.23 (51.69 / 50.54)
	5	Violetta SIEROVA / Ivan KHOBTA	UKR	143.06	4	50.74 (26.41 / 24.33)	5	92.32 (43.49 / 48.83)
	6	Chloe PANETTA / Kieran THRASHER	CAN	130.89	6	44.35 (23.11 / 22.24) -1.00	6	86.54 (41.59 / 45.95) -1.00
Junior Dance	1	Nadiia BASHYNSKA / Peter BEAUMONT	CAN	167.26	1	67.74 (36.82 / 30.92)	1	99.52 (52.16 / 47.36)
	2	Hannah LIM / Ye QUAN	KOR	162.53	3	64.21 (34.23 / 29.98)	2	98.32 (51.68 / 46.64)
	3	Katerina MRAZKOVA / Daniel MRAZEK	CZE	161.54	4	64.08 (35.26 / 30.82) -2.00	3	97.46 (51.46 / 48.00) -2.00
	4	Phebe BEKKER / James HERNANDEZ	GBR	156.97	2	64.58 (35.26 / 29.32)	4	92.39 (48.25 / 45.14) -1.00
	5	Darya GRIMM / Michail SAVITSKIY	GER	152.01	5	62.21 (33.46 / 28.75)	5	89.80 (46.36 / 43.44)
	6	Celina FRADJI / Jean-Hans FOURNEAUX	FRA	140.71	6	59.23 (32.02 / 27.21)	6	81.48 (41.28 / 40.20)

シニアとジュニアの優勝者たち。エキシビションにて ©Kiyoshi Sakamoto

宇野昌磨（2022年グランプリファイナルSP）©Kiyoshi Sakamoto